1016 成长信箱

学不动了怎么办

严艺家 著
南国虹 绘

化学工业出版社

·北京·

图书在版编目（CIP）数据

学不动了怎么办/严艺家著；南国虹绘．—北京：化学工业出版社，2021.8（2021.10重印）
（1016成长信箱）
ISBN 978-7-122-39134-6

Ⅰ.①学… Ⅱ.①严…②南… Ⅲ.①学习心理学-青少年读物 Ⅳ.①G442-49

中国版本图书馆CIP数据核字（2021）第088768号

责任编辑：赵玉欣　王　越　　　　　装帧设计：尹琳琳
责任校对：刘　颖

出版发行：化学工业出版社（北京市东城区青年湖南街13号　邮政编码100011）
印　　装：北京新华印刷有限公司
880mm×1230mm　1/32　印张 $1\frac{3}{4}$　字数39千字
2021年10月北京第1版第3次印刷

购书咨询：010-64518888　　　　　售后服务：010-64518899
网　　址：http://www.cip.com.cn
凡购买本书，如有缺损质量问题，本社销售中心负责调换。

定　价：29.80元　　　　　　　　　　　　版权所有　违者必究

推荐序

青春期是个孤独的旅程。这个时期一个人身体开始发生变化，你开始拥有你不曾拥有的力量、主见、想法。世界在你眼前变得更大，你和家庭、朋友、陌生人之间的关系开始发生变化；你可能第一次想要离开原有家庭和归属，尝试为自我建立新的城堡和疆土。但你尚不知未来将如何展开，大大的世界会有怎样的故事。

我回忆自己的青春期，有很多问题从未有过答案。我知晓家中成年人们企盼我能健康成长，但他们却对于我所面对的困惑一无所知。我常羞于向成年人提问，写属于自己的暗语，有时需要他们，又常常将他们推开。

在我自己的堡垒之中，我慢慢长大。我在过去的十几年中一直在做心理相关的工作。我意识到我在很多场合，反复地告诉家长、孩子和那些忧虑的成年人们：在我们都曾经历的长大之中，我们害怕的、否认的、避而不谈的问题，它们很多都是我们青少年发展过程中的必经之路。

很多"问题"，它们是"正常"的。只有当我们不谈论它们、否认它们、害怕它们的时候，它们才要用更强烈的声音和"症状表达"，来提醒我们去面对。

艺家是我多年的好朋友，也是非常出色的心理咨询师。她做了这件非常了不起的事情。她用简单的语言，一个一个问题去谈论。谈论我们每个人内在的孤独感、难以融入的集体、外在的评价、他人的眼光、和家庭的关系变化，以及正在形成的自我。

她举重若轻，用漫画来承载这些重要的问题。1016 创造了一个支持性的空间，当你提问，它们都被回答——即便有时回答并非易事。

祝你能从书中找到自己的答案。

简单心理 APP 创始人、CEO

前言

一年多前,快 10 岁的女儿突然开始对我的工作感兴趣,好奇地询问各种与情绪、心理相关的问题,很想搞明白形形色色的校园生活经历背后有没有什么心理学原理。后来我们逛书店时想找相关题材的书,却发现并没有特别合适的:书店里的心理学读物虽然不少,但绝大多数针对的是成人读者;谈及小学生、初中生心理与情绪的书籍,又大多是写给父母们看的。想到女儿平时喜欢看各种校园生活题材的漫画,一个点子就这么出现了:我要做一套专门给 10 到 16 岁孩子们看的心理学科普漫画,用他们觉得有趣的方式,帮助他们更多了解自己的心理世界在经历着什么。

《1016 成长信箱》就这么应运而生,含义很简单:这个信箱专收 10 到 16 岁孩子们的来信。之所以从 10 岁开始,是因为根据最前沿的发展心理学观点,人类青春期开始的年纪已经提前到 10 岁左右,而伴随着青春期剧烈的身心变化,许多对自我心灵世界的好奇也始于此。虽然青春期会延续到

25岁左右才会结束，但相比青春期下半场而言，10到16岁的孩子们更像是稚气未脱的小大人，他们在这个阶段所经历的内心困惑与冲突是鲜明而独特的。

《1016成长信箱》的主人公阿奇是个温和内向的小女孩，乍看上去，她并没有什么引人注目的地方，和很多10到16岁的孩子们一样，她规律地上学放学，有时会抱怨作业太多考试太难，有自己的朋友与偶像，有一只猫，大部分时候过着平静的家庭生活，偶尔会和爸妈有些矛盾。无论小读者们是男生还是女生，或多或少都能在阿奇与周围同学的故事中看到自己的影子。因为1016成长信箱的存在，阿奇有了一个倾诉的树洞与可信赖的朋友，许多校园与家庭生活中的故事在一封封信件中得以呈现与解读。在十余年心理咨询工作的基础上，我将这些故事分为了五个大主题——社交、学习、身体与性别、家庭关系以及心理健康，并由此形成了五本漫画书，读者既可以选择全套阅读，也可以根据兴趣选择单本阅读。

　　1016成长信箱的那头到底是谁在回信呢？这个谜底也许会在未来某天揭晓，很欢迎小读者们和阿奇一样写信给1016成长信箱，1016君一定会很开心收到你们的来信的！

　　创作这套漫画的时候，经常会回忆起自己十三四岁时的某个场景——我坐在夕阳西下的教室里望向窗外的大草坪，那里有一支垒球队正在训练，不知怎的，那一刻心里油然而生一句感叹：活着真好呀，人类真有趣。

心理咨询师 禹志家

"救命！考试前大脑一片空白！" /001
如何理解与缓解考前焦虑

"让我玩会儿手机再开始吧！" /005
如何面对学习中的拖延

"好累呀，学不动了。" /009
学习间隙如何有效休息

"偏科的痛你们学霸不懂！" /013
如何面对偏科现象

"为什么一天没有48小时呢？" /017
如何管理时间提高效率

"在失望中寻找希望！" /023
如何面对成绩落后

目录

"上网课总是会无聊走神怎么办?" **/ 027**
如何提高上网课的学习效果

"真的不能当个美妆博主吗?" **/ 031**
面对职业生涯规划的代沟

"变有钱需要学习吗?" **/ 035**
如何培养财商

"未来看起来遥不可及,怎么办?" **/ 039**
面对学习过程中的无力感

致谢 **/ 043**

"救命！
考试前大脑一片空白！"
如何理解与缓解考前焦虑

你好啊阿奇,
　　但愿此刻你已经睡觉了,在考试前让大脑充分得到休息也是很有帮助的哟!

在生物进化过程中,人类面对巨大的外界压力时发展出了三种状态:

僵住

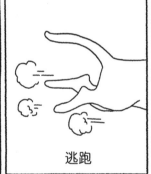

逃跑

反击

考试时因为紧张而脑中一片空白,对应的就是"僵住"的反应。这是很本能的事情,并不是因为你很糟糕。

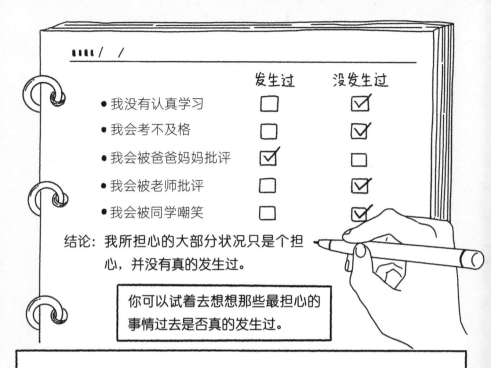

	发生过	没发生过
• 我没有认真学习	☐	☑
• 我会考不及格	☐	☑
• 我会被爸爸妈妈批评	☑	☐
• 我会被老师批评	☐	☑
• 我会被同学嘲笑	☐	☑

结论：我所担心的大部分状况只是个担心，并没有真的发生过。

你可以试着去想想那些最担心的事情过去是否真的发生过。

和你分享我的放松小诀窍：吸气 4 秒→屏气 7 秒→吐气 8 秒，循环 3 次。试试看吧，希望对你有用。祝你考试顺利，即使不顺利，那也只是一场考试而已。

其实已经很多年没有考过试了的 1016 君

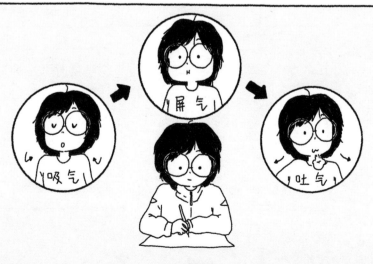

"让我玩会儿手机再开始吧!"
如何面对学习中的拖延

你好啊阿奇，
　　我拖延了两天回你的信，相信你还是活得好好的呢。

很多时候，拖延本身并没有导致糟糕的后果，比如你总是会赶在最后一刻把事情完成。

真正让人困扰的，是拖延过程中那些羞愧的、内疚的、自责的、无力的感觉。

拖延并不总是坏事,有时候那意味着"自我调节"与"劳逸结合"。

如果你把自律或拖延都当成一种选择,而不是对立的东西,也许会享受到更多"自由自在的努力",而不那么焦虑了呢。

心安理得拖延的 1016 君

"好累呀,学不动了。"
学习间隙如何有效休息

你好啊阿奇,

    想要蒙头睡个昏天黑地的话,先要看看是不是真的睡太少了哟,即使是我这样的成年人,每天也需要 9 小时左右的睡眠才能活力满满呢。

休息是门重要的学问,可惜学校里很少教这门学问。

让大脑得到休息的方式有很多,睡眠只是其中一种。

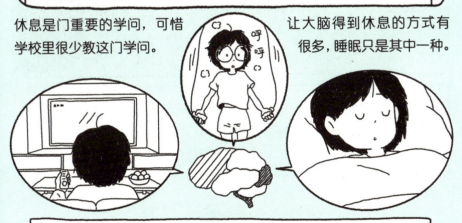

可能会让你有点惊讶(也有点残忍)的是,让大脑得到休息的有效方式之一是让大脑做点不一样的事情,比如当你数学学累了就可以学学语文,来让大脑"休息"一下。

东临碣石
以观沧海

此外,让自己感受到爱意或者被奖赏的感觉,也经常可以让大脑放松下来,休息一会儿。

每个人都很不一样,留心一下你的身体在做不同事情时的反应,找到适合自己的放松方式再好不过啦!

还是觉得睡觉最放松的 1016 君

"偏科的痛你们学霸不懂!"
如何面对偏科现象

你好啊阿奇,

　　即使今天这封信别的内容你全都忘了,这句话一定要记住:学习好不好与性别没有关系!

那些对你而言更容易的学科,经常会让你体验到更多快乐,无论是学习的过程还是结果。

没有对比就没有伤害,相比擅长的学科,偏科的科目似乎各方面都太让人痛苦了。

当偏科已经形成的时候,对待那些暂时落后的学科,更要给自己创造一些"成功"的体验,让自己有信心去继续努力。

昨天模拟卷 70 分,今天 78 分,已经有进步了呢!明天继续努力!

当然,"努力"也有很多种方式,总结一下哪个知识点比较薄弱,然后对症下药,这可以让你的努力事半功倍哟!慢慢来,对自己耐心点,毕竟学习可是持续一辈子的事情呢。

做噩梦依旧会梦见考试的 1016 君

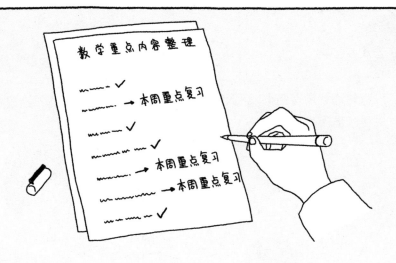

"为什么一天没有 48 小时呢?"
如何管理时间提高效率

你好啊阿奇，

　　就算我把你的一天变成 48 小时那么长，可能你还是会觉得不够用的，这个世界那么有趣，哪有用不完的时间呢？

要做的事情虽然很多，但其实每件事情的重要与紧急程度都是不一样的哦，你可以试着把它们分分类。

也可以试着把自己做一些固定事项所花的时间记录下来进行对比，有意识地提高速度与效率。

	语文小作文	数学模拟卷	英语阅读理解 3 篇
周一	50 分钟	90 分钟	45 分钟
周二	45 分钟	80 分钟	43 分钟
周三	42 分钟	76 分钟	40 分钟
周四	43 分钟	73 分钟	38 分钟
周五	39 分钟	68 分钟	34 分钟

> 你也可以用手机来更好地管理自己的时间。

WIFI

备忘录

周六
8:00 起床
8:20 早饭
9:00 作业
10:00 户外活动
12:00 午饭
13:00 数学网课
15:00 屏幕时间（打游戏）
16:30 长笛课
18:00 晚饭
19:00 看电视
19:30 洗澡
20:00 看书
21:00 睡觉

不过我们是人，并不是一台运作精准的机器，偶尔允许自己懒散一下，也很重要哟！

其实好想天天都懒散的 1016 君

"在失望中寻找希望！"
如何面对成绩落后

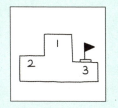

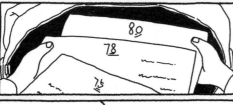

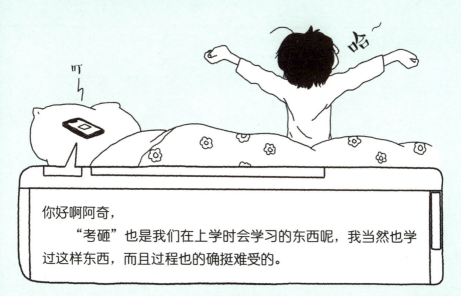

你好啊阿奇，
　　"考砸"也是我们在上学时会学习的东西呢，我当然也学过这样东西，而且过程也的确挺难受的。

也许可以把眼前的困难分成"现实的困难"与"感受的困难"去分头解决。

"现实的困难"是指学习上的确被疏忽了的知识点，或者靠自己努力很难解决的困难。可以试试换个学习方法或者寻找帮助。

"感受的困难"是指因为考砸了而带来的一系列糟糕的感觉，那些你对自己失望的感觉未必和实际能力有关。

和自己信任的人聊聊自己的担心，有时候也很有用。

偷偷告诉你，如果你快进到几十年后的同学聚会，会发现一些成绩并不怎么好的同学也可以拥有很好的人生呢，你会成为怎样的人从来都不是由一次或者很多次考试说了算的。好运呐，我的朋友。

偶尔还会在人生的考场里考砸的 1016 君

"上网课总是会无聊走神怎么办？"

如何提高上网课的学习效果

你好啊阿奇，

坦白告诉你，我的确没怎么上过网课，但可以想象那一定和面对面上课很不一样。

科学家发现，即使是同一样事物，隔着屏幕会失去 75% 的沟通信息。也就是说，你在上网课时学到的知识量与平时差不多，但身体的参与度会降低很多。

因此上网课的时候，我们需要有意识地让身体更多参与到课堂里，每隔 10 到 20 分钟动一动是个好办法。

如果老师恰好知道怎么能让屏幕那头的你更有参与感,那也是很幸运的事情呢。

高科技能让我们过得更自在方便,至于怎么使用,可以听听自己身体的声音哦。

在思考想报什么网课的 1016 君

"真的不能当个美妆博主吗?"
面对职业生涯规划的代沟

你好啊阿奇,
　　那种气呼呼的感觉我也有过,我猜不少你这个年纪的人都会经历这样的"气呼呼"。

科技在进步,关于职业与前途,每一代人看到的东西是不一样的。

一些上一代人认为是金饭碗的工作,也有可能因为科学技术的进步而被淘汰。

你可能会怀疑学校学习的意义,但即使做个美妆博主,也是需要懂很多知识的呢。

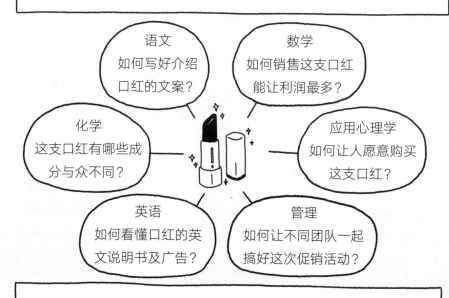

语文
如何写好介绍口红的文案?

数学
如何销售这支口红能让利润最多?

化学
这支口红有哪些成分与众不同?

应用心理学
如何让人愿意购买这支口红?

英语
如何看懂口红的英文说明书及广告?

管理
如何让不同团队一起搞好这次促销活动?

不过找到自己感兴趣的领域本身就是很幸运的事情,面对不理解的声音本身也是努力实现目标的一部分。也许周围人只是担心你没有前途,而不是担心你做一个美妆博主,所以努力吧阿奇,祝愿你成为一个超级有前途的美妆博主哦!

曾觉得活在电脑里是天方夜谭的 1016 君

"变有钱需要学习吗？"
如何培养财商

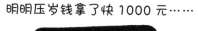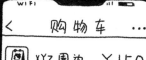

你好啊阿奇，

挣钱可并不是无关紧要的事情呢，虽然金钱不是万能的，但想要变有钱的愿望本身是要点赞的哟。

钱折射着我们和世界的关系，也许你可以试着先从记账开始，看看对自己来说，愿意花钱的那部分世界是什么样子的。

可能因为和钱有关的事情太普遍了，以至于学校里并不经常会教和钱有关的知识，但你可以留心学习身边那些和钱有关的事情。

星期一
橡皮 5 元
奶茶 12 元
星期三
xyz 充值投票 3 元
星期五
薯片 5 元

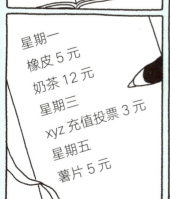

如果你的数学已经足够好了,也可以在爸爸妈妈的指导下,试着做点小小的"投资"哦!

为什么大家说买黄金好呀?我可以用自己的压岁钱买黄金吗?

挣钱的本质是把有价值的东西提供给别人,好好学习就是确保你未来有能力创造更多价值的重要途径哟。

希望今晚梦见自己一夜暴富的 1016 君

爱心企业家阿奇慈善捐赠证明

"未来看起来遥不可及,怎么办?"

面对学习过程中的无力感

你好啊阿奇，

那种感觉我的确有过，年纪更小的时候总觉得时间过得好慢。

因为大脑一直在变化发展，对于时间流逝的感知其实在不同年龄阶段是很不一样的。

大脑预测功能的发展有一个过程，对于如何达成一个自己想要的未来，在不同年龄阶段也是不一样的。

感觉未来遥不可及时会想要放弃努力，也许可以试着把一个很大很大的目标划分成许多许多的小任务，最好可以细分到一个明天就能实现的小目标。

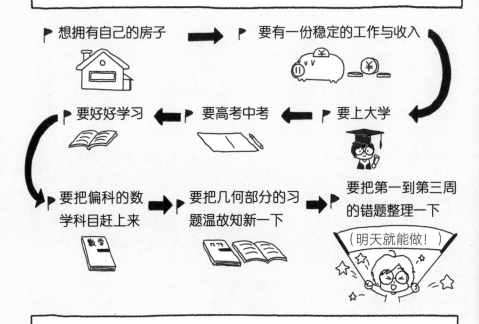

当你可以一次次完成那些小目标时，就是在离想要的未来越来越近呢！

每天依旧在完成着各种小目标的 1016 君

致 谢

　　《1016成长信箱》的诞生是许多人为爱发电的结果，在此想特别感谢勤勉敬业的插画师南国虹老师，她生动丰富的创作让阿奇和她的小伙伴们有机会与世人对话；感谢这套书的责任编辑，她们使得我灵光一闪的点子变成了捧在手上的现实；感谢孩子们对心理学和了解自己的好奇心，让我有了创造一套科普漫画书的动力；感谢心理咨询来访者们在工作中分享的青少年心路历程，不少故事灵感来源于那些真诚勇敢的讲述。谢谢我自己，夜深人静创作时，我能感受到许多爱与支持就在那里。

致正在看这本漫画的你

　　Hi，如果脑子里有个开关可以让学习的过程时刻变得快乐，我肯定会选择按下去……但可惜并没有那样一个开关。当感觉学不动了的时候，不妨和自己对对话，看看卡住你的究竟是什么，这个探索的过程本身也是人生重要的学习呢！愿你考神附体，即使没考好也依旧能拥有自在的人生！:)

非学霸也能过好这一生的1016君

p.s. 想写信的话，可以发到这个地址哟：1016@cip.com.cn